Bilhar 3 Tabelas: Padrões de círculo de mesa cheia

De torneios de campeonato professional

Teste-se contra jogadores profissionais

Allan P. Sand
PBIA Instrutor de Bilhar Certificado

ISBN 978-1-62505-495-1
PRINT 8.5x11

ISBN 978-1-62505-331-2
PRINT 7x10

First edition

Copyright © 2019 Allan P. Sand

All rights reserved under International and Pan-American Copyright Conventions.

Published by Billiard Gods Productions.
Santa Clara, CA 95051
U.S.A.

For the latest information about books and videos, go to: http://www.billiardgods.com

Acknowledgements

Wei Chao created the software that was used to create these graphics.

Índice

Introdução 1
Sobre os layouts de tabela 1
Instruções de configuração da tabela 2
Objetivo dos layouts..2
A: Círculo completo (tabelas longa)..3
A: Grupo 1 3
A: Grupo 2 8
A: Grupo 3 13
A: Grupo 4 18
A: Grupo 5 23
B: Círculo completo (tabelas curta)...28
B: Grupo 1 28
B: Grupo 2 33
B: Grupo 3 38
C: Quatro tabelas (tabelas longa)..43
C: Grupo 1 43
C: Grupo 2 48
C: Grupo 3 53
C: Grupo 4 58
C: Grupo 5 63
D: Quatro tabelas (tabelas curta)...68
D: Grupo 1 68
D: Grupo 2 73
D: Grupo 3 78
D: Grupo 4 83
E: Cinco tabelas (tabelas longa)..88
E: Grupo 1 88
E: Grupo 2 93
E: Grupo 3 98
E: Grupo 4 103
E: Grupo 5 108
F: Cinco tabelas (tabelas curta)...113
F: Grupo 1 113
F: Grupo 2 118
G: 6+ tabelas (tabelas longa)...123
G: Grupo 1 123
G: Grupo 2 128
G: Grupo 3 133
G: Grupo 4 138
H: 6+ tabelas (tabelas curta)..143
H: Grupo 1 143
H: Grupo 2 148

Other books by the author …

- 3 Cushion Billiards Championship Shots (a series)
- Carom Billiards: Some Riddles & Puzzles
- Carom Billiards: MORE Riddles & Puzzles
- Why Pool Hustlers Win
- Table Map Library
- Safety Toolbox
- Cue Ball Control Cheat Sheets
- Advanced Cue Ball Control Self-Testing Program
- Drills & Exercises for Pool & Pocket Billiards
- The Art of War versus The Art of Pool
- The Psychology of Losing – Tricks, Traps & Sharks
- The Art of Team Coaching
- The Art of Personal Competition
- The Art of Politics & Campaigning
- The Art of Marketing & Promotion
- Kitchen God's Guide for Single Guys

Introdução

Este é um dos livros da série Carom Billiards que mostra como os jogadores profissionais tomam decisões, com base no layout da mesa. Todos esses layouts são de competições internacionais.

Esses layouts colocam você dentro da cabeça do jogador, começando pelas posições das bolas (mostradas na primeira tabela). O segundo layout da tabela mostra o que o jogador decidiu fazer.

Sobre os layouts de tabela

Estas são as três bolas na mesa:

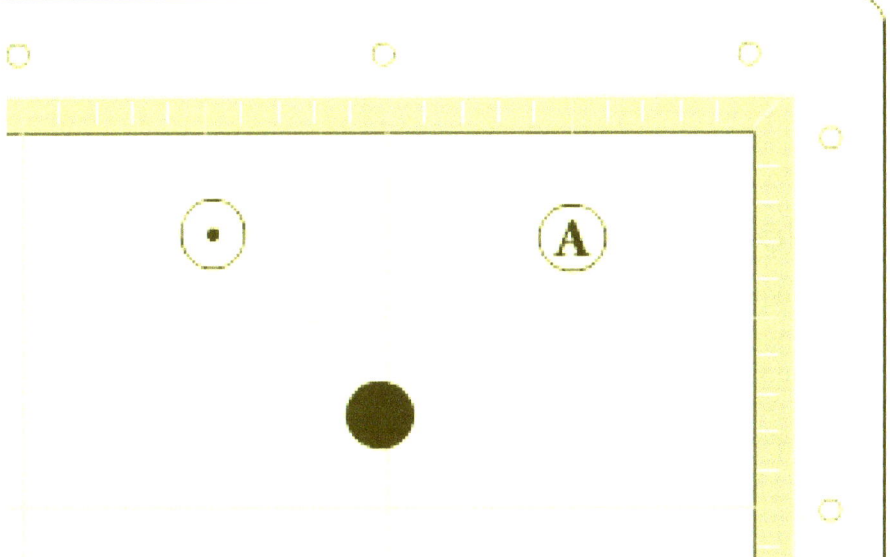

(A) (CB) (sua bola de bilhar)

(•) (OB) (bola de bilhar oponente)

● (RB) (bola de bilhar vermelha)

Cada configuração tem dois layouts de tabela. A primeira tabela é a posição das bolas. A segunda mesa é como as bolas se movem na mesa.

Instruções de configuração da tabela

Use anéis de papel para marcar as posições da bola (comprar em qualquer loja de material de escritório).

Coloque uma moeda em cada tabelas da mesa que o (CB) vai tocar.

Compare seu caminho (CB) com a segunda configuração da tabela. Para aprender, você pode precisar de várias tentativas. Após cada falha, faça o ajuste e tente novamente até ter sucesso.

Objetivo dos layouts

Esses layouts são fornecidos para dois propósitos.

- Sua análise - Em casa, você pode considerar como reproduzir a configuração na primeira tabela. Compare suas ideias com o padrão real na segunda tabela. Pense na sua solução e considere as opções. Na segunda tabela, você também pode analisar como seguir o padrão. Mentalmente jogue o tiro e decida como você pode ser bem sucedido.

- Pratique a configuração da mesa - Coloque as bolas na posição, de acordo com a configuração da primeira mesa. Tente fotografar da mesma maneira que o segundo padrão de mesa. Você pode precisar de muitas tentativas antes de encontrar a maneira correta de jogar. É assim que você pode aprender e jogar essas jogadas durante competições e torneios.

A combinação de análise mental e prática prática fará de você um jogador mais inteligente.

A: Círculo completo (tabelas longa)

O (CB) apaga o primeiro (OB) em uma tabelas longa e depois na tabelas curta. O círculo continua na tabelas longa oposta.

(A) (CB) (sua bola de bilhar) - (•) (OB) (bola de bilhar oponente) - ● (RB) (bola de bilhar vermelha)

A: Grupo 1

Análise:

A:1a. _____

A:1b. _____

A:1c. _____

A:1d. _____

A:1a – Configuração

Notas e ideias:

Tiro padrão

A:1b – Configuração

Notas e ideias:

Tiro padrão

A:1c – Configuração

Notas e ideias:

Tiro padrão

A:1d – Configuração

Tiro padrão

A: Grupo 2

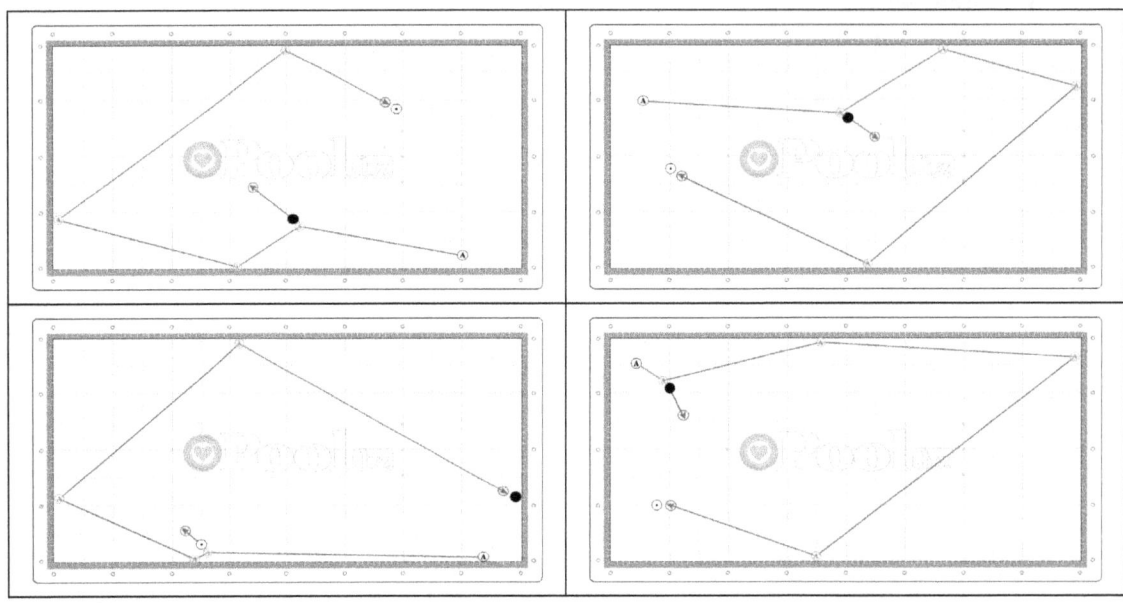

Análise:

A:2a. _____

A:2b. _____

A:2c. _____

A:2d. _____

A:2a – Configuração

Notas e ideias:

Tiro padrão

A:2b – Configuração

Notas e ideias:

Tiro padrão

A:2c – Configuração

Notas e ideias:

Tiro padrão

A:2d – Configuração

Notas e ideias:

Tiro padrão

A: Grupo 3

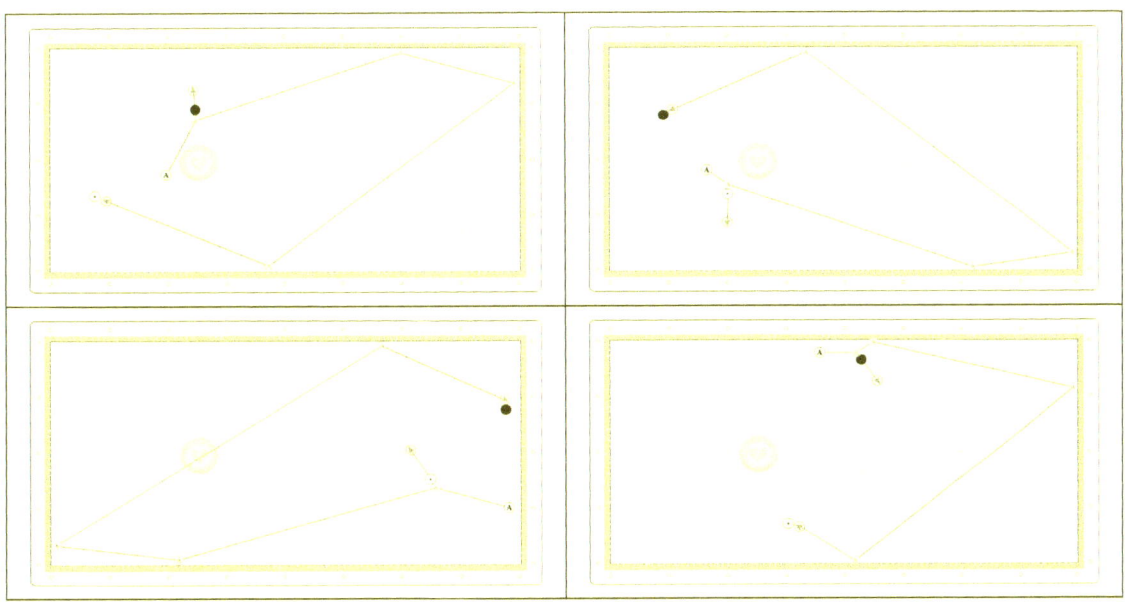

Análise:

A:3a. _____

A:3b. _____

A:3c. _____

A:3d. _____

A:3a – Configuração

Notas e ideias:

Tiro padrão

A:3b – Configuração

Notas e ideias:

Tiro padrão

A:3c – Configuração

Notas e ideias:

Tiro padrão

A:3d – Configuração

Notas e ideias:

Tiro padrão

A: Grupo 4

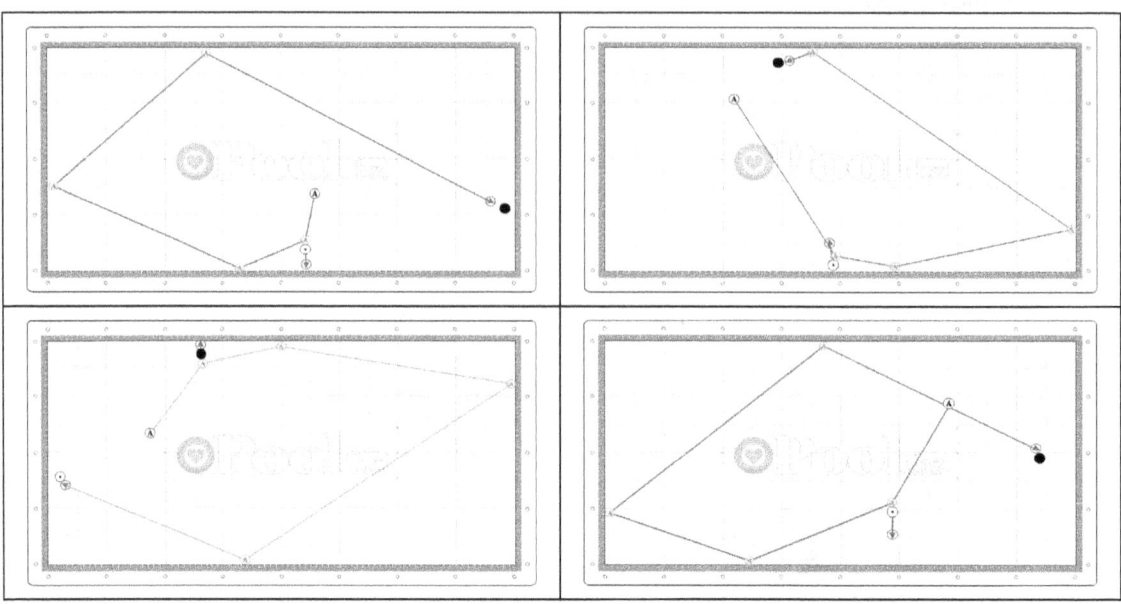

Análise:

A:4a. _____

A:4b. _____

A:4c. _____

A:4d. _____

A:4a – Configuração

Notas e ideias:

Tiro padrão

A:4b – Configuração

Notas e ideias:

Tiro padrão

A:4c – Configuração

Notas e ideias:

Tiro padrão

A:4d – Configuração

Notas e ideias:

Tiro padrão

A: Grupo 5

Análise:

A:5a. _____

A:5b. _____

A:5c. _____

A:5d. _____

A:5a – Configuração

Notas e ideias:

Tiro padrão

A:5b – Configuração

Notas e ideias:

Tiro padrão

A:5c – Configuração

Notas e ideias:

Tiro padrão

A:5d – Configuração

Notas e ideias:

Tiro padrão

B: Círculo completo (tabelas curta)

O (CB) sai do primeiro (OB) e em uma pequena tabelas. O (CB) então vai para a tabelas longa e para a tabelas curta oposta.

Ⓐ (CB) (sua bola de bilhar) - ⊙ (OB) (bola de bilhar oponente) - ● (RB) (bola de bilhar vermelha)

B: Grupo 1

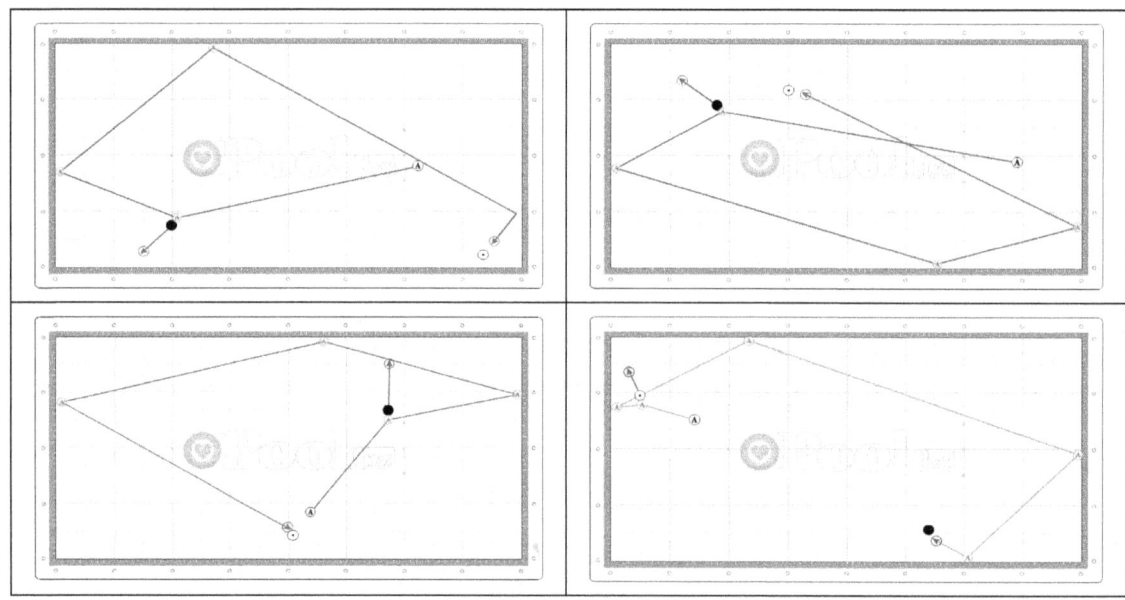

Análise:

B:1a. _____

B:1b. _____

B:1c. _____

B:1d. _____

B:1a – Configuração

Notas e ideias:

Tiro padrão

B:1b – Configuração

Notas e ideias:

Tiro padrão

B:1c – Configuração

Notas e ideias:

Tiro padrão

B:1d – Configuração

Notas e ideias:

Tiro padrão

B: Grupo 2

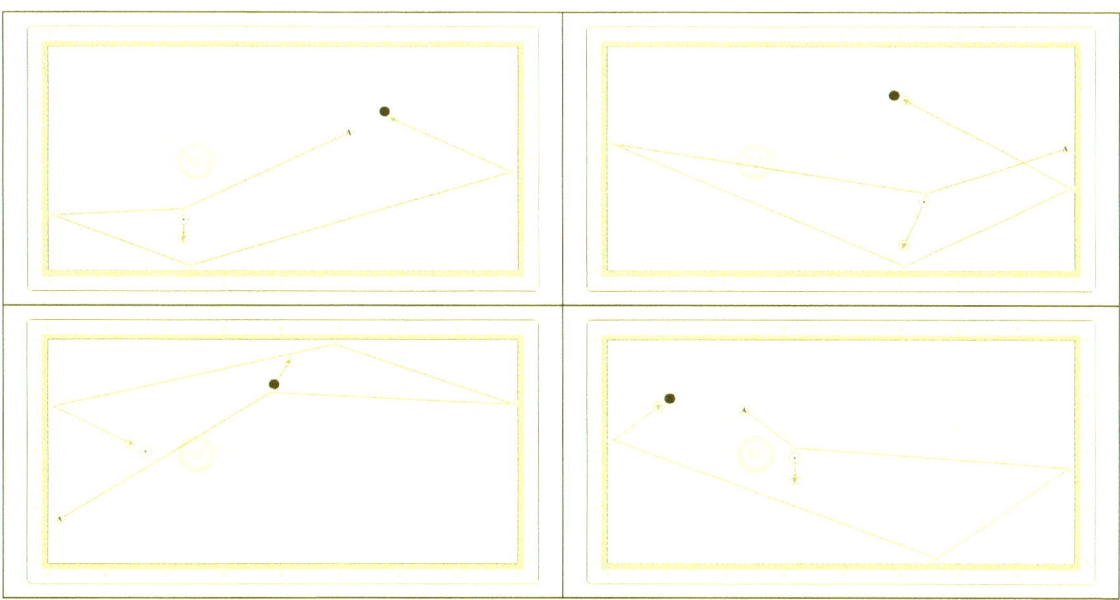

Análise:

B:2a. _____

B:2b. _____

B:2c. _____

B:2d. _____

B:2a – Configuração

Notas e ideias:

Tiro padrão

B:2b – Configuração

Notas e ideias:

Tiro padrão

B:2c – Configuração

Notas e ideias:

Tiro padrão

B:2d – Configuração

Notas e ideias:

Tiro padrão

B: Grupo 3

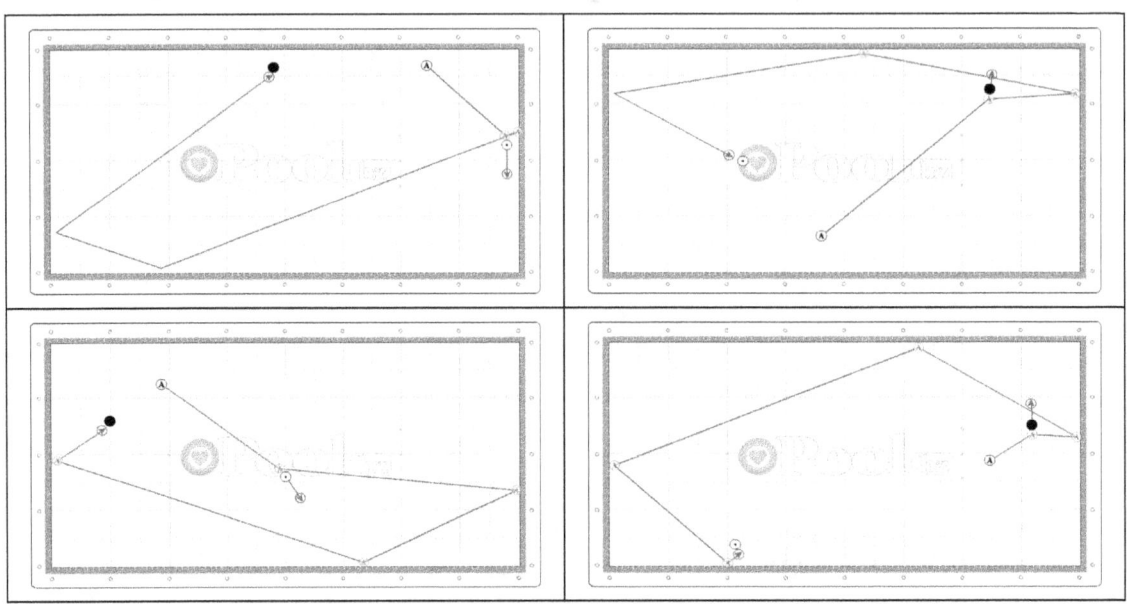

Análise:

B:3a. _____

B:3b. _____

B:3c. _____

B:3d. _____

B:3a – Configuração

Notas e ideias:

Tiro padrão

B:3b – Configuração

Notas e ideias:

Tiro padrão

B:3c – Configuração

Notas e ideias:

Tiro padrão

B:3d – Configuração

Notas e ideias:

Tiro padrão

C: Quatro tabelas (tabelas longa)

O (CB) sai do primeiro (OB) e na tabelas longa. Ele sai para a tabelas curta. Então, o (CB) vai para a tabelas longa oposta. Só então o (CB) entra no outro (OB).

(A) (CB) (sua bola de bilhar) - (•) (OB) (bola de bilhar oponente) - ● (RB) (bola de bilhar vermelha)

C: Grupo 1

Análise:

C:1a. _____

C:1b. _____

C:1c. _____

C:1d. _____

C:1a – Configuração

Notas e ideias:

Tiro padrão

C:1b – Configuração

Notas e ideias:

Tiro padrão

C:1c – Configuração

Notas e ideias:

Tiro padrão

C:1d – Configuração

Notas e ideias:

Tiro padrão

C: Grupo 2

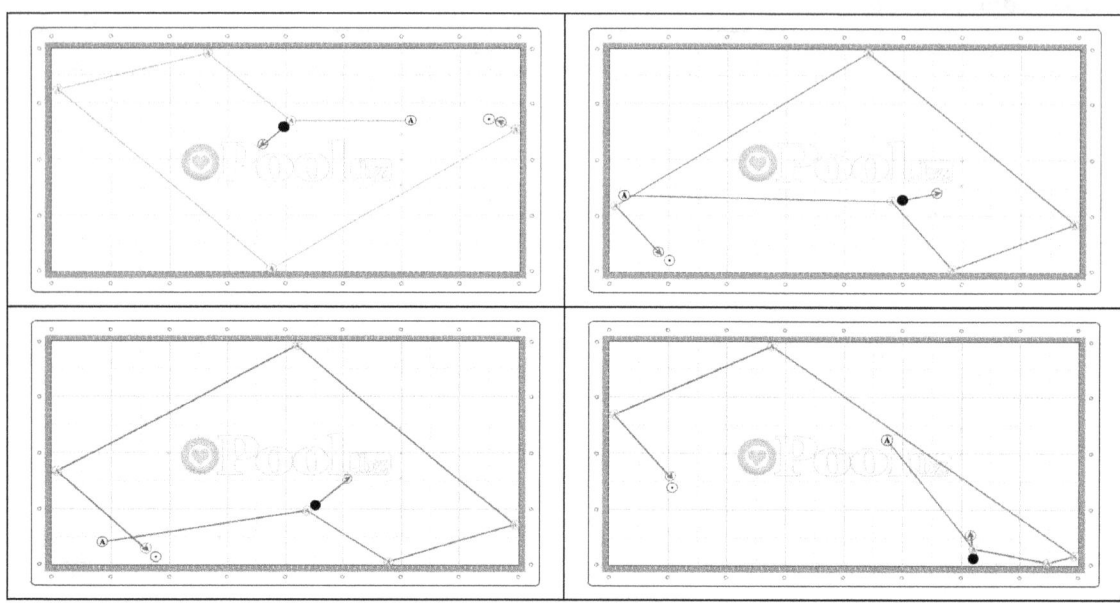

Análise:

C:2a. _____

C:2b. _____

C:2c. _____

C:2d. _____

C:2a – Configuração

Notas e ideias:

Tiro padrão

C:2b – Configuração

Notas e ideias:

Tiro padrão

C:2c – Configuração

Notas e ideias:

Tiro padrão

C:2d – Configuração

Notas e ideias:

Tiro padrão

C: Grupo 3

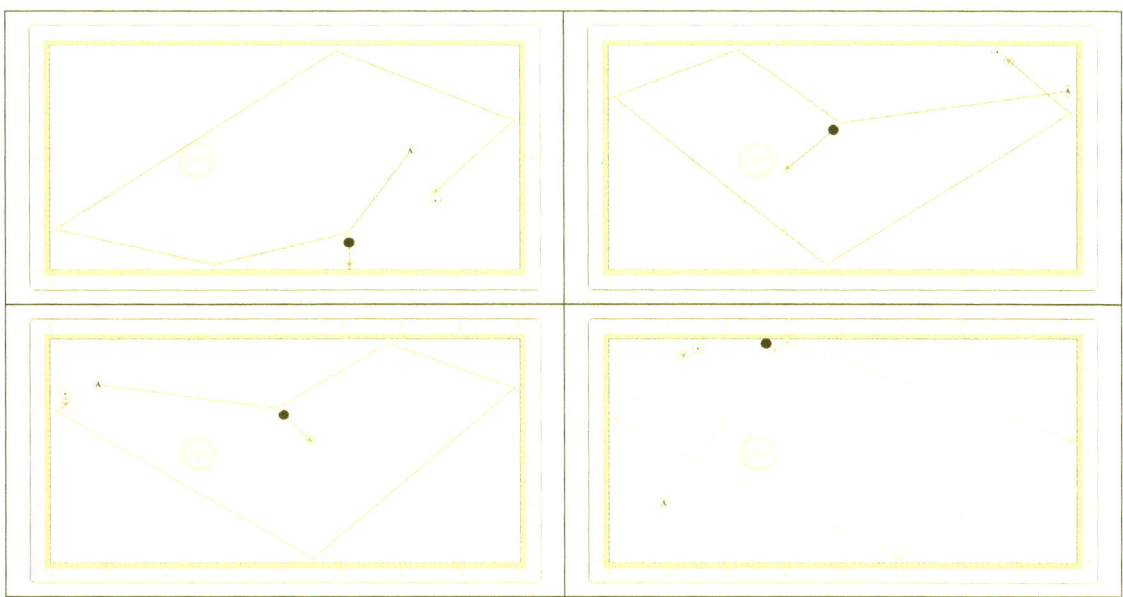

Análise:

C:3a. _____

C:3b. _____

C:3c. _____

C:3d. _____

C:3a – Configuração

Notas e ideias:

Tiro padrão

C:3b – Configuração

Notas e ideias:

Tiro padrão

C:3c – Configuração

Notas e ideias:

Tiro padrão

C:3d – Configuração

Notas e ideias:

Tiro padrão

C: Grupo 4

Análise:

C:4a. _____

C:4b. _____

C:4c. _____

C:4d. _____

C:4a – Configuração

Notas e ideias:

Tiro padrão

C:4b – Configuração

Notas e ideias:

Tiro padrão

C:4c – Configuração

Notas e ideias:

Tiro padrão

C:4d – Configuração

Notas e ideias:

Tiro padrão

C: Grupo 5

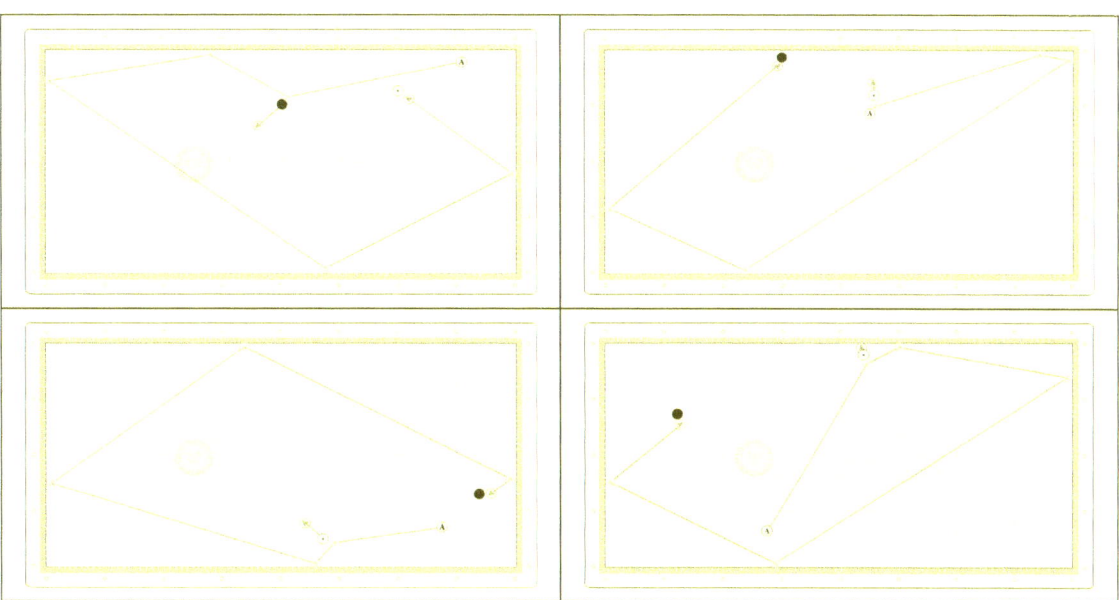

Análise:

C:5a. _____

C:5b. _____

C:5c. _____

C:5d. _____

C:5a – Configuração

Notas e ideias:

Tiro padrão

C:5b – Configuração

Notas e ideias:

Tiro padrão

C:5c – Configuração

Notas e ideias:

Tiro padrão

C:5d – Configuração

Notas e ideias:

Tiro padrão

D: Quatro tabelas (tabelas curta)

O (CB) sai do primeiro (OB) e vai para a tabelas curta. O (CB) viaja para a tabelas longa oposta. O círculo continua na tabelas curta oposta. Só então, o (CB) se conecta com o outro (OB).

Ⓐ (CB) (sua bola de bilhar) - ⊙ (OB) (bola de bilhar oponente) - ● (RB) (bola de bilhar vermelha)

D: Grupo 1

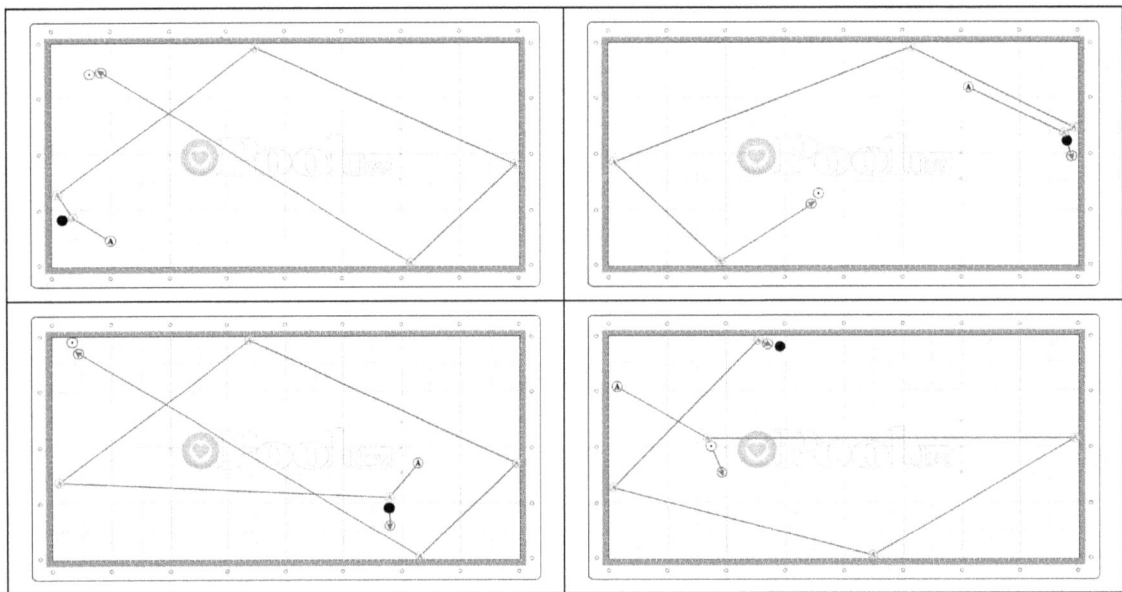

Análise:

D:1a. _____

D:1b. _____

D:1c. _____

D:1d. _____

D:1a – Configuração

Notas e ideias:

Tiro padrão

D:1b – Configuração

Notas e ideias:

Tiro padrão

D:1c – Configuração

Notas e ideias:

Tiro padrão

D:1d – Configuração

Notas e ideias:

Tiro padrão

D: Grupo 2

Análise:

D:2a. _____

D:2b. _____

D:2c. _____

D:2d. _____

D:2a – Configuração

Notas e ideias:

Tiro padrão

D:2b – Configuração

Notas e ideias:

Tiro padrão

D:2c – Configuração

Notas e ideias:

Tiro padrão

D:2d – Configuração

Notas e ideias:

Tiro padrão

D: Grupo 3

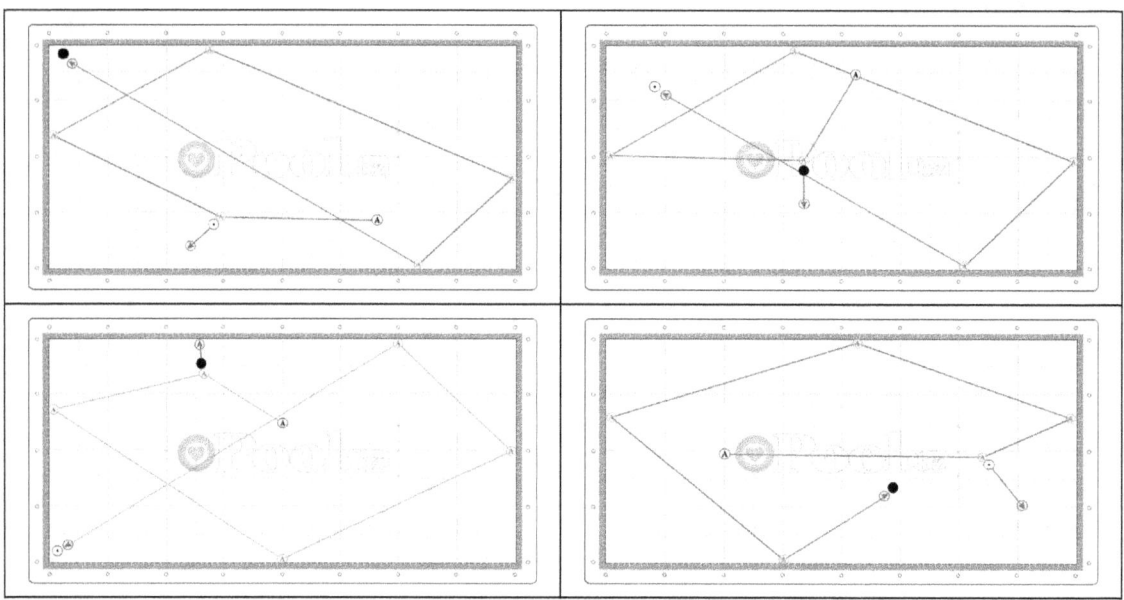

Análise:

D:3a. _____

D:3b. _____

D:3c. _____

D:3d. _____

D:3a – Configuração

Notas e ideias:

Tiro padrão

D:3b – Configuração

Notas e ideias:

Tiro padrão

D:3c – Configuração

Notas e ideias:

Tiro padrão

D:3d – Configuração

Notas e ideias:

Tiro padrão

D: Grupo 4

Análise:

D:4a. _____

D:4b. _____

D:4c. _____

D:4d. _____

D:4a – Configuração

Notas e ideias:

Tiro padrão

D:4b – Configuração

Notas e ideias:

Tiro padrão

D:4c – Configuração

Notas e ideias:

Tiro padrão

D:4d – Configuração

Notas e ideias:

Tiro padrão

E: Cinco tabelas (tabelas longa)

O (CB) sai do primeiro (OB) e na tabelas longa. O (CB) viaja em cinco tabelas antes de entrar em contato com o outro (OB).

Ⓐ (CB) (sua bola de bilhar) - ⊙ (OB) (bola de bilhar oponente) - ● (RB) (bola de bilhar vermelha)

E: Grupo 1

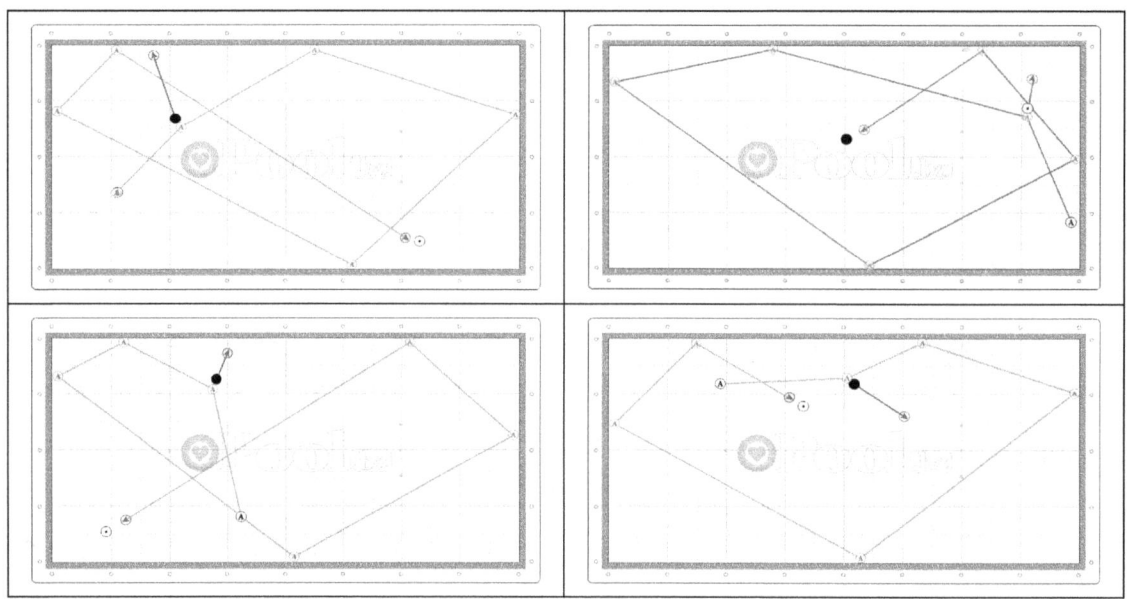

Análise:

E:1a. _____

E:1b. _____

E:1c. _____

E:1d. _____

E:1a – Configuração

Notas e ideias:

Tiro padrão

E:1b – Configuração

Notas e ideias:

Tiro padrão

E:1c – Configuração

Notas e ideias:

Tiro padrão

E:1d – Configuração

Notas e ideias:

Tiro padrão

E: Grupo 2

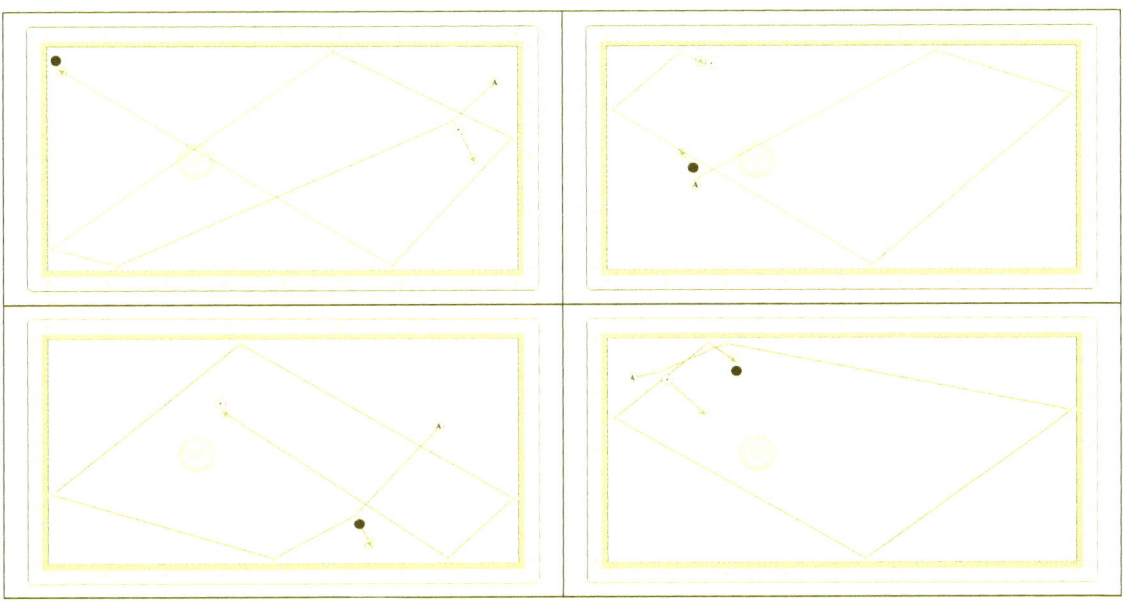

Análise:

E:2a. _____

E:2b. _____

E:2c. _____

E:2d. _____

E:2a – Configuração

Notas e ideias:

Tiro padrão

E:2b – Configuração

Notas e ideias:

Tiro padrão

E:2c – Configuração

Notas e ideias:

Tiro padrão

E:2d – Configuração

Notas e ideias:

Tiro padrão

E: Grupo 3

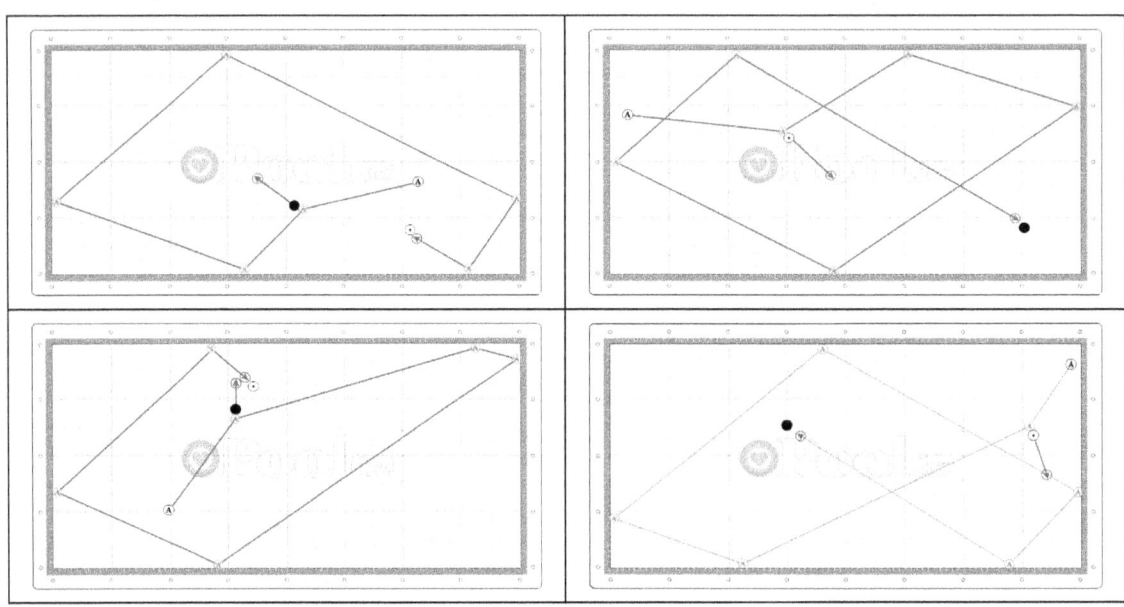

Análise:

E:3a. _____

E:3b. _____

E:3c. _____

E:3d. _____

E:3a – Configuração

Notas e ideias:

Tiro padrão

E:3b – Configuração

Notas e ideias:

Tiro padrão

E:3c – Configuração

Notas e ideias:

Tiro padrão

E:3d – Configuração

Notas e ideias:

Tiro padrão

E: Grupo 4

Análise:

E:4a. _____

E:4b. _____

E:4c. _____

E:4d. _____

E:4a – Configuração

Notas e ideias:

Tiro padrão

E:4b – Configuração

Notas e ideias:

Tiro padrão

E:4c – Configuração

Notas e ideias:

Tiro padrão

E:4d – Configuração

Notas e ideias:

Tiro padrão

E: Grupo 5

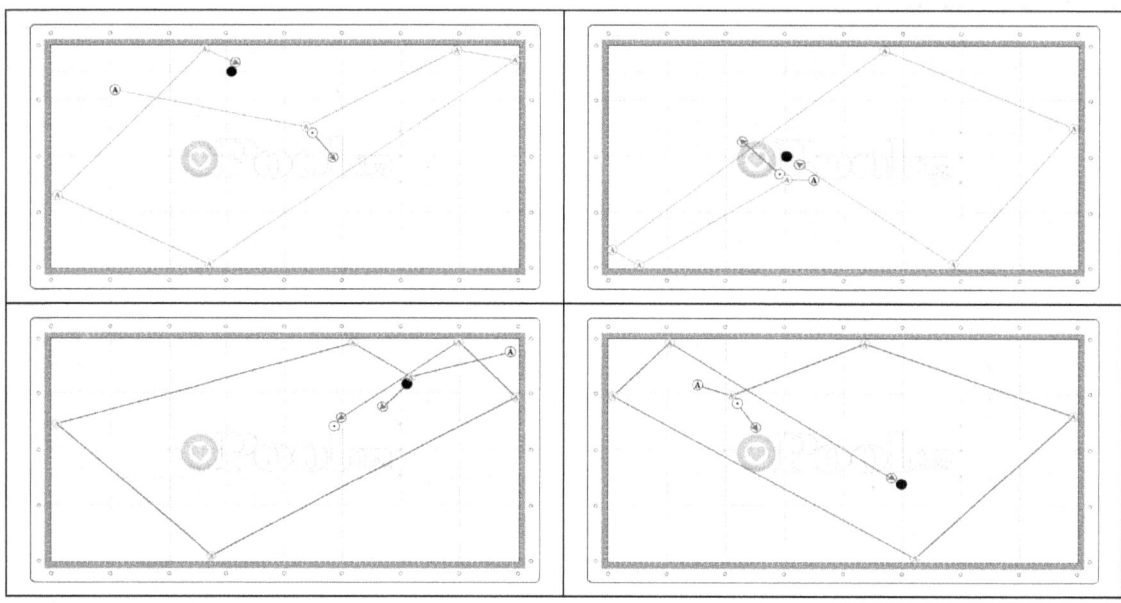

Análise:

E:5a. _____

E:5b. _____

E:5c. _____

E:5d. _____

E:5a – Configuração

Notas e ideias:

Tiro padrão

E:5b – Configuração

Notas e ideias:

Tiro padrão

E:5c – Configuração

Notas e ideias:

Tiro padrão

E:5d – Configuração

Notas e ideias:

Tiro padrão

F: Cinco tabelas (tabelas curta)

O (CB) sai do primeiro (OB) e na tabelas curta. Em seguida, ele percorre a mesa em cinco tabelas consecutivas. Só então o (CB) se conecta com o outro (OB).

(A) (CB) (sua bola de bilhar) - (:) (OB) (bola de bilhar oponente) - ● (RB) (bola de bilhar vermelha)

F: Grupo 1

Análise:

F:1a. _____

F:1b. _____

F:1c. _____

F:1d. _____

F:1a – Configuração

Notas e ideias:

Tiro padrão

F:1b – Configuração

Notas e ideias:

Tiro padrão

F:1c – Configuração

Notas e ideias:

Tiro padrão

F:1d – Configuração

Notas e ideias:

Tiro padrão

F: Grupo 2

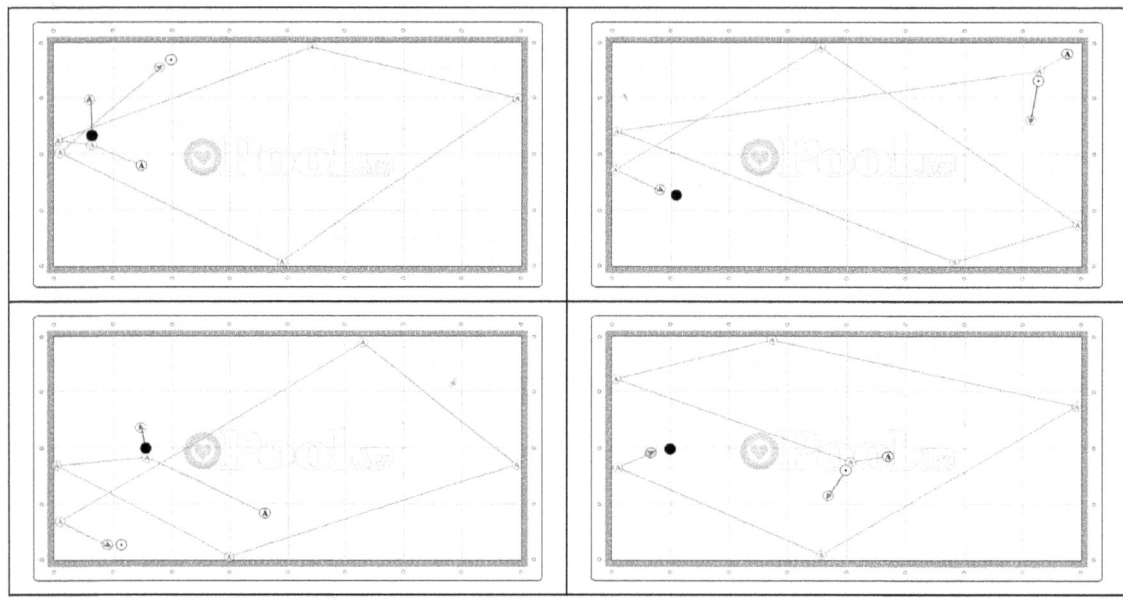

Análise:

F:2a. _____

F:2b. _____

F:2c. _____

F:2d. _____

F:2a – Configuração

Notas e ideias:

Tiro padrão

F:2b – Configuração

Notas e ideias:

Tiro padrão

F:2c – Configuração

Notas e ideias:

Tiro padrão

F:2d – Configuração

Notas e ideias:

Tiro padrão

G: 6+ tabelas (tabelas longa)

O (CB) sai do primeiro (OB) e na tabelas longa. Em seguida, ele percorre a mesa em pelo menos seis tabelas (às vezes sete).

(A) (CB) (sua bola de bilhar) - (OB) (bola de bilhar oponente) - ● (RB) (bola de bilhar vermelha)

G: Grupo 1

Análise:

G:1a. _____

G:1b. _____

G:1c. _____

G:1d. _____

G:1a – Configuração

Notas e ideias:

Tiro padrão

G:1b – Configuração

Notas e ideias:

Tiro padrão

G:1c – Configuração

Notas e ideias:

Tiro padrão

G:1d – Configuração

Notas e ideias:

Tiro padrão

G: Grupo 2

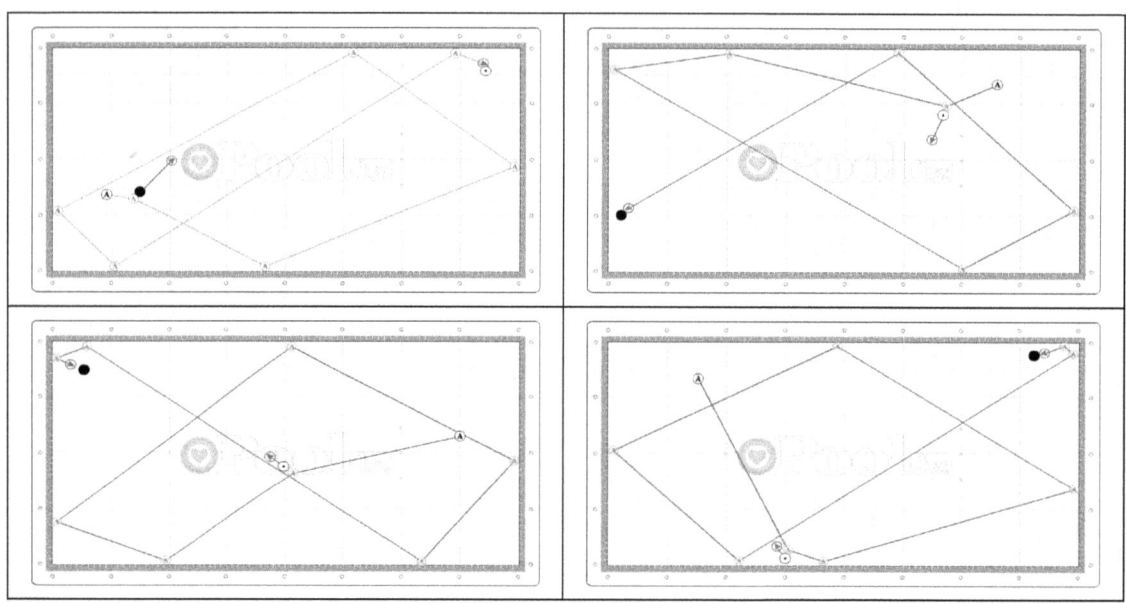

Análise:

G:2a. _____

G:2b. _____

G:2c. _____

G:2d. _____

G:2a – Configuração

Notas e ideias:

Tiro padrão

G:2b – Configuração

Notas e ideias:

Tiro padrão

G:2c – Configuração

Notas e ideias:

Tiro padrão

G:2d – Configuração

Notas e ideias:

Tiro padrão

G: Grupo 3

Análise:

G:3a. _____

G:3b. _____

G:3c. _____

G:3d. _____

G:3a – Configuração

Notas e ideias:

Tiro padrão

G:3b – Configuração

Notas e ideias:

Tiro padrão

G:3c – Configuração

Notas e ideias:

Tiro padrão

G:3d – Configuração

Notas e ideias:

Tiro padrão

G: Grupo 4

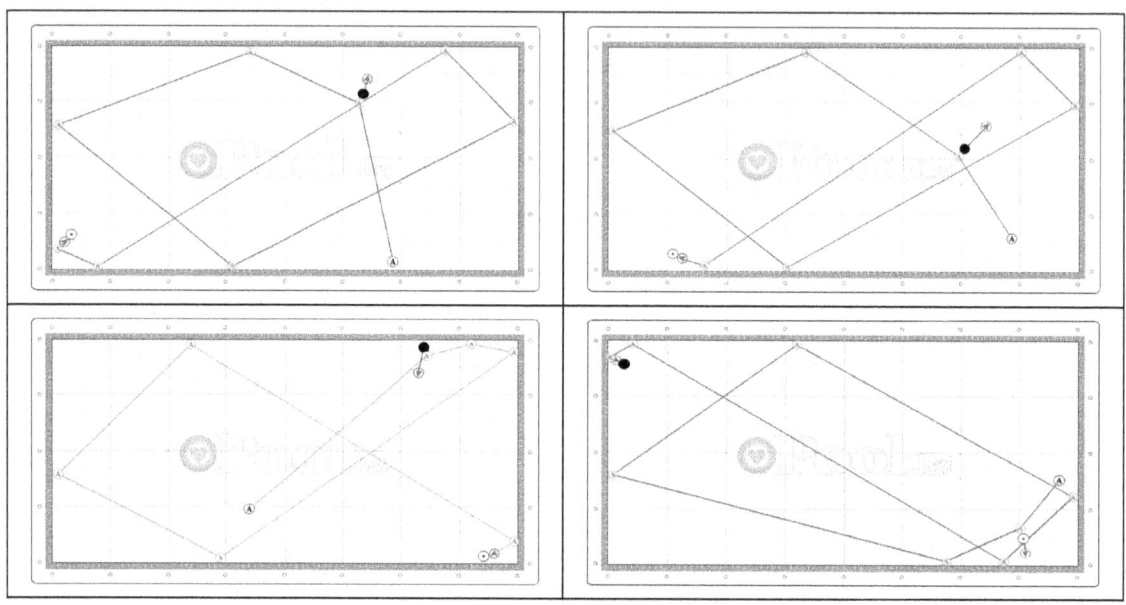

Análise:

G:4a. _____

G:4b. _____

G:4c. _____

G:4d. _____

G:4a – Configuração

Notas e ideias:

Tiro padrão

G:4b – Configuração

Notas e ideias:

Tiro padrão

G:4c – Configuração

Notas e ideias:

Tiro padrão

G:4d – Configuração

Notas e ideias:

Tiro padrão

H: 6+ tabelas (tabelas curta)

O (CB) sai do (OB) e na tabelas curta. O (CB) continua viajando ao redor da mesa por seis ou mais tabelas. Só então o (CB) entra em contato com o outro (OB).

Ⓐ (CB) (sua bola de bilhar) - ⊙ (OB) (bola de bilhar oponente) - ● (RB) (bola de bilhar vermelha)

H: Grupo 1

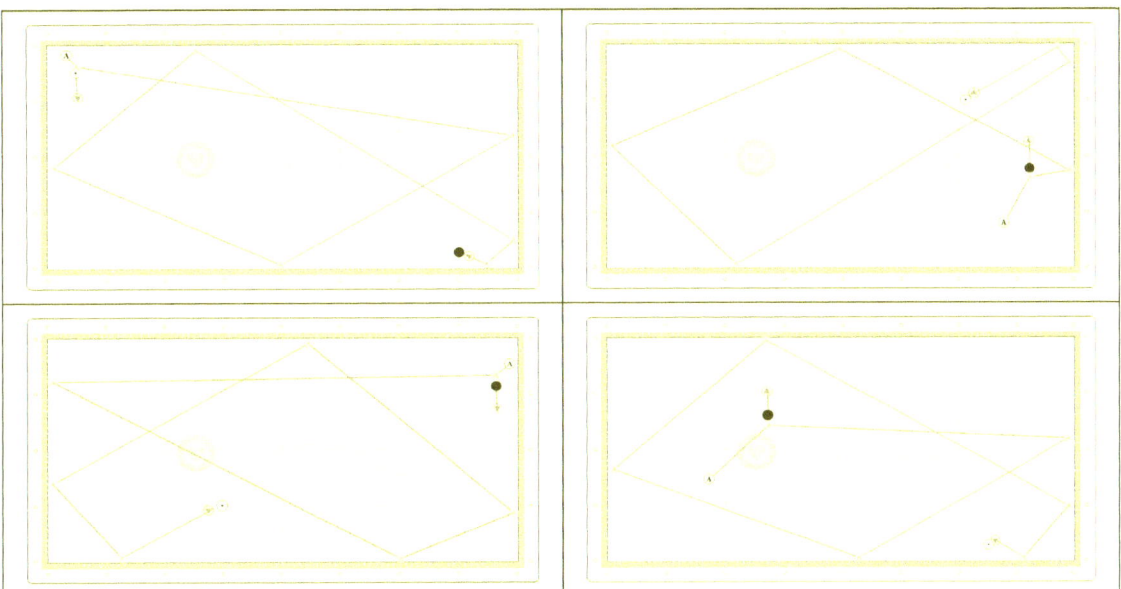

Análise:

H:1a. _____

H:1b. _____

H:1c. _____

H:1d. _____

H:1a – Configuração

Notas e ideias:

Tiro padrão

H:1b – Configuração

Notas e ideias:

Tiro padrão

H:1c – Configuração

Notas e ideias:

Tiro padrão

H:1d – Configuração

Notas e ideias:

Tiro padrão

H: Grupo 2

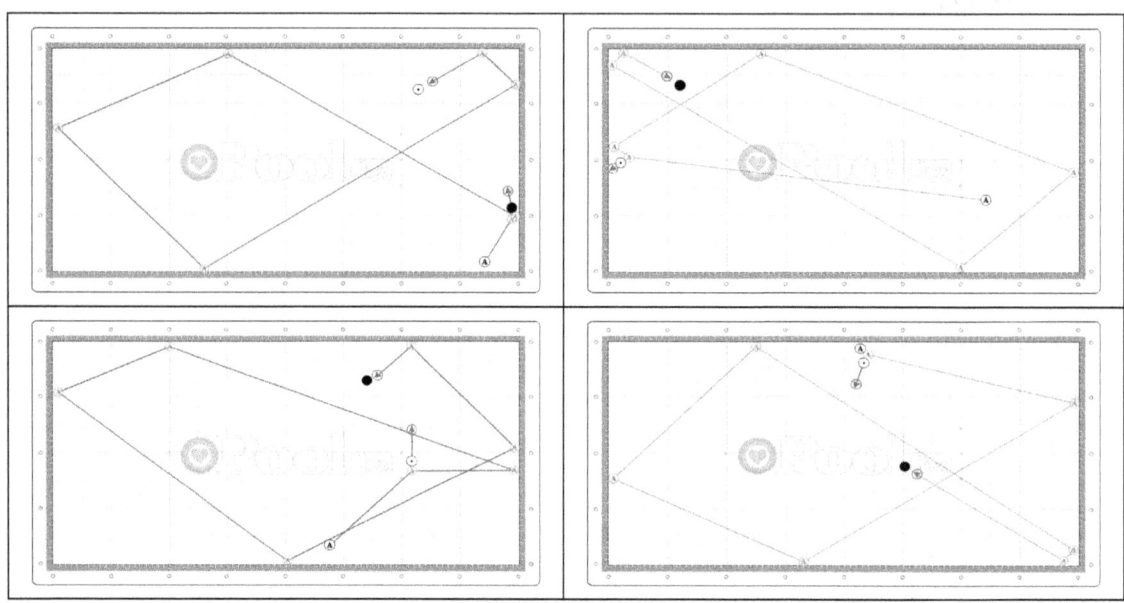

Análise:

H:2a. _____

H:2b. _____

H:2c. _____

H:2d. _____

H:2a – Configuração

Notas e ideias:

Tiro padrão

H:2b – Configuração

Notas e ideias:

Tiro padrão

H:2c – Configuração

Notas e ideias:

Tiro padrão

H:2d – Configuração

Notas e ideias:

Tiro padrão

www.ingramcontent.com/pod-product-compliance
Lightning Source LLC
Chambersburg PA
CBHW080920170426
43201CB00016B/2211